책 짓기

아자 이모의 생활 도감
책 짓기

초판 1쇄 2019년 4월 23일 '세계 책의 날'에 펴냄
1판 2쇄 2020년 4월 23일

글 _ 이정모, 노정임
그림 _ 사카베 히토미
교정·교열 _ 위정은
디자인 _ 토가디자인
인쇄·제본 _ 갑우문화사
도움주신 분 _ 안경자, 김선태, 정우, 철수와영희 출판사, 갑우문화사, 그동안 책을 만들며 만난 모든 분들

펴낸곳 _ (도서출판) 아이들은자연이다
등록번호 _ 제2013-000006호(2013년 1월 17일)
주소 _ 서울 양천구 목동서로 37, 908호
전화 _ 02-332-3887
전송 _ 0303-3447-1021
전자우편 _ aja0388@hanmail.net
블로그 _ blog.daum.net/aja0388

ⓒ 이정모, 노정임, 사카베 히토미, 2019

ISBN 979-11-88236-14-5 73500

* 이 도서의 국립중앙도서관 출판예정도서목록(CIP)은 서지정보유통지원시스템
  홈페이지(http://seoji.nl.go.kr)와 국가자료공동목록시스템(http://www.nl.go.kr/kolisnet)에서
  이용하실 수 있습니다.(CIP제어번호: CIP2019013624)
* 잘못 만들어진 책은 구입하신 곳에서 교환해 드립니다.
* 책값은 뒤표지에 있습니다.

아이들은자연이다(아자) 출판사 이름에는 현재 우리 아이들과 한때 아이였던 모든 이들이
건강한 자연의 에너지를 담뿍 안고 있음을 잊지 않으며 책을 만들겠다는 마음을 담았습니다.
사람과 자연을 이해하고 응원하는 책을 만들기 위해 노력합니다.

어린이제품 안전특별법에 의한 기타 표시

제조자명 아이들은자연이다 | **제조국명** 대한민국 | **제조년월** 2019년 4월 | **사용연령** 8세 이상
전화번호 02-332-3887 | **주소** 07984 서울시 양천구 목동서로 37, 908호
주의사항 종이에 베이거나 긁히지 않도록 조심하세요. 책 모서리가 날카로우니 던지거나 떨어뜨리지 마세요.

아자 지식책

아자 이모의 생활 도감

책 짓기

글 이정모, 노정임
그림 사카베 히토미

아이라는 자연이다

여긴 어딜까?

일러두기

* 이 책의 1부 글쓰기는 과학책의 사례입니다. 과학책은 지식 정보책 또는 논픽션책으로, 이야기책(그림책 또는 동화책)과는 다를 수 있습니다.
* 27쪽 책의 출처: 《애벌레가 들려주는 나비 이야기》 노정임 글, 안경자 그림, 철수와영희 출판사, 2008
  36~37쪽 외 책의 출처: 《빅뱅 여행을 시작해!》 김상욱 글, 김진혁 그림, 아이들은자연이다 출판사, 2018

이 책에서 누굴 만나게 될까?

 어린이

 어린이책 작가

 그림 작가

 과학자, 작가

 편집자

 디자이너

그리고 책 만드는 사람들 여럿

차례

일러두기 _ 4

1 책에 담을 원고 만들기

* "책 읽기 싫어!" _ 10
* 책보다 재미있는 책 만드는 이야기 _ 13
* 원고를 만들자 _ 사례❶ _ 16
* 원고를 만들자 _ 사례❷ _ 22

- 쉼 못다 한 저자 인터뷰 _ 28

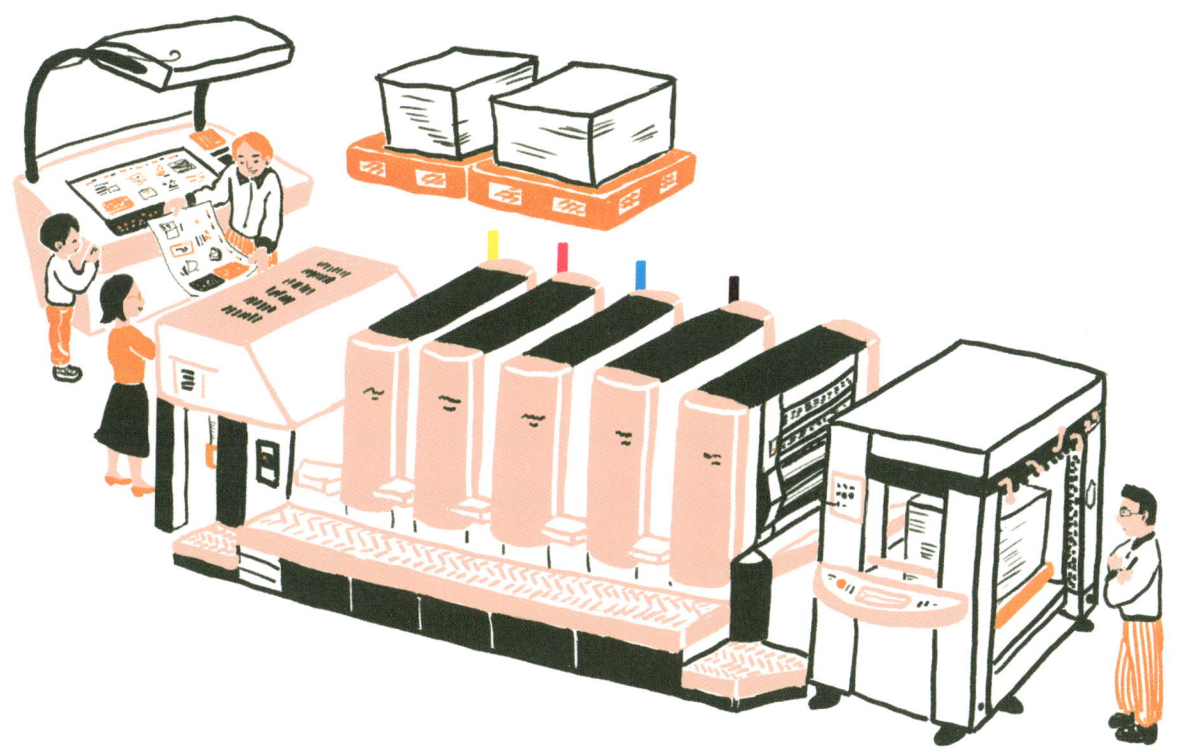

2 원고를 담아 책 만들기

* 원고가 다 되었는데, 왜 책이 안 나오는 거야 _ 32
* 종이를 준비해 _ 40
* 인쇄를 하자 _ 44
* 책은 묶는 거야 _ 47
* "책은 독자를 기다려요." _ 52

- 쉼 한눈에 보는 책 만드는 과정 _ 56
- 집필 후기 _ 58
- 참고 문헌 _ 60

■ "책 읽기 싫어!"

어린이책 출판사

출판사가 집 앞에 있었네?

안녕하세요.

 (어린이의 인삿말을 못 듣고 타다닥 컴퓨터 자판을 계속 두드린다.)

 (큰소리로) 안녕하세요!

 (모니터 위로 얼굴을 내밀며) 아! 오늘 만나기로 약속한 친구로군요. 어서 와요.

동그란 탁자에 어린이와 작가가 마주 앉는다.

 책은 왜 만들어요?

 악수 먼저 할까요? 반가워요!

 네, 악수. (악수를 하면서 다시 물어본다.) 책은 왜 읽어요?

 책에 대해 궁금해 하다니 반갑네요. 왜 궁금해졌나요?

 저는 책을 읽기 싫은데, 우리 엄마를 비롯해 선생님 등등 어른들은 책을 참 좋아해요. 좋아하기만 하면 좋겠는데, 우리에게 읽으라고 강요하죠. 대체 왜죠? (재밌는 게 얼마나 많은데.) 답을 찾고 싶어서 작가님을 찾아온 거예요.

 어떤 책에 관심이 있나요?

 그림 그리는 걸 좋아해요. 만화책은 좀 읽을 만해요.

 그렇군요!

■ 책보다 재미있는 책 만드는 이야기

기획 회의

 모여요. 회의를 합시다.

 갑자기?

 바쁜데~.

 책을 왜 읽으라고 하는지, 궁금해 하는 어린이가 나타났어요!

 세상에.

 책에 관심을 갖다니 놀랍네요.

 그런데 책 읽기는 싫대요. 책이 읽을 만한 거라고 어린이가 느낄 수 있는 책을 만들어 봅시다.

좋은 생각이에요! 그런데 책이 그렇게 간단하지 않잖아요?

 책을 읽기 싫다는데 책을 만들어서 준다니.
역시 책밖에 모르는 어른들이야. 하하.
나는 마감하느라 바빠서 이만.
편집자, 수고해요. 아자!

 ㅠㅠ

기획안 쓰기

3일 밤낮을 고민했어.
책을 만들기만 했지,
책에 대해 설명해 본 적이 없어.
아는 것과 말하는 것이 이렇게 다르다니.
좋은 생각이 떠오르지 않아.
어떻게 하면 책 만드는 이야기를
재미있고 쉽게 전달할 수 있을까?

다음 날 아침, 출판사.

 안녕하세요?

 (문 열고 들어오는 작가를 보고 번쩍 생각이 떠오름.) 작가님! 작가님이 처음 내신 책이 뭐였죠?

 《애벌레가 들려주는 나비 이야기》였죠. 호호.

 그걸 보여 줍시다. 그러니까 책의 시작부터 완성까지를 기록해서 보여 주자고요.

 '책을 설명하는 책'이 되겠네요! 좋습니다. 언제나처럼 편집자 믿고 한번 가 볼게요.

 만드는 '과정'을 보여주면 얼마나 책이 믿을 만하고 책을 만드는 사람들이 정성을 쏟는지 알게 될 거예요.

 좋은 생각이에요!

■ 원고를 만들자 | 사례 ❶

🤓 첫 책이 궁금합니다. 언제 시작하셨나요?

🧔 첫 책은 잊을 수 없죠. 1999년 1월에 시작되었어요.

🤓 엄청 오래전이군요.

🧔 얼마 안 된 일이죠. 2000년이 되기 전, '새 천년 맞이' 퀴즈가
잡지에 실렸어요. 퀴즈 푸는 걸 좋아하고 잘하는데,
제 계산이 틀린 거예요.

🤓 무슨 퀴즈였나요?

🧔 지난 천 년의 날짜 수를 묻는 거였어요. 윤달도 알고
태양력, 태음력도 다 알고 풀었는데,
제 계산보다 10일이 더 있었다는 거죠. 세상에나!

🤓 답을 아셨으니 궁금증이 풀린 거 아닌가요?

🧔 왜 그런지 궁금하잖아요.
달력의 날짜가 왜 내 생각과 다를까?
그리고 내가 퀴즈에서 틀리다니! 달력을 파고들기 시작했죠,
끝까지. 그러다 책까지 내게 되었어요.

🤓 질문에서 시작하셨군요. 언제 끝나셨나요?

🧔 책이 나온 것은 2001년 1월. 꼬박 2년 걸렸네요.

 원고는 언제 쓰시나요?

 시간을 내서 써요. 직장이 있기 때문에, 일하는 시간 외에 시간이 날 때 씁니다.

 어느 때에 가장 잘 써집니까?

 때를 가리지 않고 '그냥' 씁니다. 새벽에도 쓰고, 바쁠 때에는 지하철에서도 써요. 대신 쓰기 전에 생각을 많이 해요.

 어떤 생각을 해야 하죠?

원고 준비

아인슈타인은 말했습니다.
60분이 있다면, 문제가 무엇인지
핵심을 찾아내는 데 55분을 쓰고,
문제 해결에 5분을 쓴다고요.
생각을 하는 것은 정보를 모으며
문제의 핵심을 찾는 과정입니다.

내가 이 글을 왜 쓰는지 분명하게 해요. 무엇을 말하고 싶은지,
독자는 무엇을 알고 싶을지. 그리고 필요한 정보를 찾아 두죠.
그런 뒤, 머릿속에 있는 데이터를 글이라는 문자로
변환하는 거예요.

 정보를 알아내는 것도 쉽지 않겠어요.

 부지런하고 조금 집요하면 누구나 할 수 있죠.
첫 책은 《달력과 권력》이라는 책이었는데,
달력의 역사를 끝까지 따라가 보았어요.
책이나 논문을 읽으면 돼요. 한 100권쯤.

 100권씩이나요?

 100권만 읽으면 한 분야를 어느 정도 알 수 있어요.
경제적이죠. 빠른 방법입니다.

 책을 읽는 것 말고 또 어떤 노력을 하셨나요?

 친구들에게도 자주 물어봤어요.
천문학을 전공한 한국인, 이란인, 자카르타 친구들에게요.
독일에서 유학할 때라 각국의 친구들이 있었어요.
그래서 나라마다 썼던 서로 다른 달력을 비교해 볼 수 있었죠.

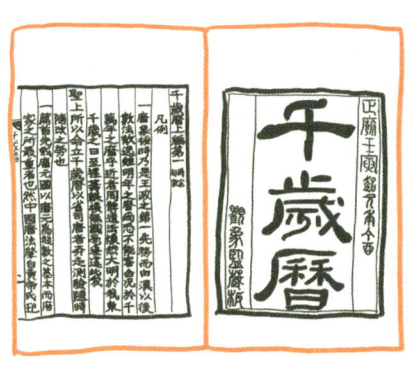

🧑‍🦱 글쓰기에 가장 도움이 많이 된 것은요?

👨 도서관이에요.

🧑‍🦱 역시, 책이 책을 낳는군요.

👨 달력, 어쩌면 누구나 다 알 수 있는 내용이죠. 날마다 보잖아요.
다만 새롭게 본 거죠. 글을 쓸 때 '발견'이 중요합니다.
연관이 없을 것 같은 사실들이 사실 연결되어 있다는 것을
찾아내기도 하죠.

🧑‍🦱 지금은 '국제 세계 달력 협회'가 정한 날짜를
세계인이 따르잖아요.

👨 잘 알고 있군요. 하지만 결론만 알고자 하면
책을 쓸 필요는 없지요. 검색을 하거나 사전만 찾아봐도
되고요. 그 과정을 알아보면 새로운 것을 발견할 수 있어요.

🧑‍🦱 《달력과 권력》 이 책의 재미는 제목처럼 달력이
권력과 연결된다는 점이었어요.

👨 그렇죠! 달력을 깊이 들여다보았더니 권력자들이 달력을
좌지우지했더라고요.

🧑‍🦱 달력의 원리를 공부하다가, 숨어 있던 이야기를 찾았군요.

👨 떠오른 질문을 따라가 본 거죠. 질문을 하지 않고
책을 쓰지 않았다면 그 의미를 저도 모를 뻔했어요.

🧑‍🦱 빛나는 발견이네요!

> 책을 쓰며 발견하기.

■ 원고를 만들자 | 사례 ❷

 작가님은 첫 책 어떻게 시작하셨나요?

 아침마다 신문을 봅니다. 신문을 읽다가 보았어요.
'배추흰나비가 멸종 위험에 있다!'

 멸종 위기 동물이 많죠.

 멀고 먼 북극이나 아마존이 아니라, 우리나라 밭이나 들에 흔하디 흔하다고 생각한 나비가 없어진다니 더 큰 위기감이 느껴졌어요.

 아! 게다가 애벌레는 배추를 먹으니 해충 취급을 받겠네요.

 그렇죠. 사람들이 멸종시키고 있었어요. 애벌레의 문제가 바로 내 문제 같았어요.

 알려야겠네요. 위험할 땐 소리쳐 알리듯.

 역시, 편집자님. 잘 아시네요. 책으로 널리 알리고 싶었어요.
그리고 궁금하잖아요.
나비가 멸종하지 않으려면 어떻게 해야 할까?

 뭐가 중요했나요?

 애벌레의 먹이요. 나비에 관심 있는 사람은 많았지만, 애벌레에는 무관심했어요. 나비의 어린이 때인 애벌레에 관심을 갖게 하고 싶었어요.

질문에서 시작된 책.

그림 작가님!
흔하디 흔했던 배추흰나비가
줄어들고 있대요.
나비 책을 만들어 볼까요?

 좋아요!
나비들을 만나러 가야겠군요!

배추흰나비

애벌레

애벌레들은 먹이 식물을 먹고 또 먹으며
하루가 다르게 무럭무럭 자라요.
어린이들처럼요.
부지런히 먹고 자라던 애벌레는
잠을 자듯 번데기가 됩니다.
번데기 속에서 나비로 변신해서
껍질을 깨고 나와요.
'알-애벌레-번데기-나비'로 이어지는
나비의 한살이는 들여다볼수록
무척 신비합니다.

 엄마 나비는 반드시 '먹이 식물'에
알을 낳는대요.
먹이 식물은 알에서 깨어난 애벌레가 먹는
식물이고요.

 먹이 식물을 찾으면,
그곳이 바로 나비가 사는 서식지겠네요.

 알, 애벌레, 번데기랑 나비를 보러 가요!

 먹이 식물이 올라오는 봄날에
풀밭으로 가 봅시다!

그림 작가님과 같이 취재를 다니신다면서요?

 그림책은 글과 그림이 함께하잖아요. 둘 다 책의 원고예요.

 원고를 함께 만드는 과정이군요.

 네, 그렇죠! 책을 만들며 놀라운 경험을 했어요.
자주 취재를 다니던 공원이었는데, 풀을 보러 갔을 땐
나비가 안 보였거든요. 그런데, 나비를 보러 갔더니
나비가 나타났어요!

 나비는 거기에 늘 있었겠죠.

 맞아요. 관심 갖고 보니, 그때야 보였어요.

 취재는 어디로 가시나요? 어떤 준비를 하시나요?

 멀리 가기보다는 가까운 공원에 자주 가요. 사진기와 공책을
가지고 가지요. 더 중요한 준비는 어떤 나비를 볼지,
어떻게 생겼는지, 어떤 계절에 활동하는지 도감을 보며
미리 알아보고 가고요. 그래야 알아볼 수 있잖아요.

 눈이 밝아지겠군요.

 자석이 되는 거 같아요, 책을 만들 때에는. '나비'를 생각하면
나비랑 관련된 모든 것이 찾아와 주어요.
서로 끌리는 것처럼요.

 애벌레도 보셨어요?

 애벌레가 어떤 풀을 먹는지 책을 통해 미리 알고 갔잖아요.
그래서 그 풀이 보이면, 풀잎의 뒷면을 살폈죠.
그랬더니 거기 있더라고요!

취재를 나가기 전에, 봄에 어떤 나비를 볼 수 있는지 알아 봐야 해요.

아는 만큼 보여요. 가까이 있어도 모르면 보이지 않아요. 나비가 어떻게 생겼는지, 애벌레가 어떤 먹이 식물을 먹는지 알면 만날 가능성이 높아져요.

자연의 동물을 만나러 가기 전에 어디에 사는지 언제 볼 수 있는지 생태를 알아봅니다.

공부도 하고 현장에 나가 실제로 찾아 보며 원고를 준비해요.

나비를 만나기에 가장 좋은 곳은 어디일까요?
관심만 있다면 도시 한복판에서도 동식물을 만날 수 있어요.
가까운 공원을 천천히 걸으며 오래 관찰하면
많은 동식물을 볼 수 있어요.
나비 취재도 가까운 공원에서 했답니다.

자료를 정리하며 해석하는 게 중요해요!

나비와 애벌레 이야기를 그림책의 형식에 맞추어 원고를 써요. 어린이 독자들이 이해할 수 있게 생각을 많이 하지요.

원고 만들기

이제 쓰고, 그리기!

정확하게 그리면서도 자연처럼 아름다운 그림을 그리려고 노력해요. 생물이 어우러진 진짜 자연을 보여 주어 어린이들이 자연과 더 친해지길 바라기 때문입니다.

팔락팔락 나비, 꼬물꼬물 애벌레를
먹이 식물과 함께 책에 담았어요.
책은 독자가 펼쳐 주길 조용히 늘 기다려요.

《애벌레가 들려주는 나비 이야기》 중에서

 배추흰나비랑 봄에 볼 수 있는
여덟 마리 나비의 한살이를
담았어요.

 '먹이 식물'이라는 말이 재밌어요.

 사람들도 먹이 식물이 있지요.
여러 가지 나물과 과일나무들.
특히 벼나 콩 같은 작물은
무척 중요하지요.

 나비의 먹이 식물은 특별한가요?

 나비에게는 아주 특별할 거예요.
나비마다 먹는 풀이 다 다르거든요.

 이 책만 보면 나비 한살이를
다 알겠어요.

 책을 본 뒤, 실제로 애벌레와 나비를
찾아보세요. 마음만 먹으면 누구든
만날 수 있어요.

못다 한 저자 인터뷰

 (책의 핵심은 누가 뭐래도 원고! 내가 점점 더 알아보고 싶다.)
두 분께 몇 가지 더 여쭤볼게요.
첫 책을 내는 과정에서 위기가 있었나요?

 '내가 쓴 글이 책이 될까? 누가 내줄까?' 하는 걱정이 들 때요. 자신감이 떨어질 때가 한번씩 있어요.

 공모전에 응모했는데, 당선이 안 되었어요. 막막했죠.

 어떻게 극복했나요?

 원고를 완성해서 여러 출판사에 투고했어요. 그중 한 곳에서 연락이 왔죠.

 우연히 출판사 대표님을 만났어요. 공모전에 내느라 완성된 글과 그림이 있었기 때문에 출간이 빨리 결정되었어요.

 책을 내고 당연히 자랑스럽고 기쁘셨을 테고, 아쉬운 건 없었나요?

 글쓰기를 배웠더라면, 천문학을 알았더라면, 하며 부족한 것을 느꼈죠. 다음엔 더 잘 만들고 싶었어요.

 너무 많은데……. 모든 게 아쉬웠고, 또 모든 게 감사했어요. 해냈으니까요.

 요즘 작가가 되고 싶다는 어린이들이 늘고 있어요. 작가라는 직업, 권하실 건가요?

 그럼요. 콘텐츠를 만드는 일은 언제나 가치 있죠. 하지만 작가가 목적이 될 필요는 없어요. 자신의 일을 하면서 글을 쓰면 누구나 작가가 되지 않을까요?

 많은 사람이 글을 써서 책을 내 주면 좋겠어요. 서로 경험을 알려 주고 지혜를 나누면 세상이 좀 더 아름다워질 거라고 믿어요.

작가를 꿈꾸는 어린이들에게 '글쓰기' 비법을 전수해 주신다면요?

 잘 쓰려고 하지 않으면 돼요. 그저 쓰는 거죠. 믿을 만한 사람에게 읽어 봐 달라고 하는 것도 좋아요. 저는 아내께서 언제나 읽어주고 글에 대해 따끔하게 이야기해 주었어요.

 소리 내어 읽으며 여러 번 고쳐 쓰는 방법이 좋더라고요. 읽을 사람을 떠올리면서요.

 쓰고 싶은 마음은 크지만, 중간에 포기하는 경우가 많아요. 포기하지 않고 쓰려면 어떻게 해야 할까요?

 마감을 지키는 것도 비결 중 하나예요. 자신이 마감을 정하거나 또는 정해진 날짜에 잘 맞추려고 노력하면 빠른 시간 안에 밀도 있는 글을 쓸 수 있더라고요. 물론 미리 생각을 많이 해 두고, 좋은 책을 읽어 두어야 가능하겠지만요.

 맞아요. 그리고 읽기와 쓰기의 균형을 맞추는 것도 멋진 경험이에요. 100권 읽고 1권 쓴다는 말이 맞더라고요. 밀도를 생각하면 100권 읽기와 1권 쓰기가 비슷한 거 같습니다. 듣기만 하면 재미없잖아요. 말도 해야지. 똑같아요. 듣고 말하고, 읽고 쓰는 거죠.

 어린이 독자가 궁금해 했던 질문입니다. 책은 왜 읽어야 할까요? 두 분은 어떻게 책을 읽으십니까?

 사람을 만나는 것만큼 재밌는 일은 없죠. 그런데 다 만날 수는 없으니 책을 통해 작가를 만나는 겁니다. 작가의 생각을 배운다는 마음으로 읽습니다. 틈 나는 대로 읽어요. 계속 읽다 보면 책을 읽는 속도도 빨라져요.

 책 읽기는 내가 선택할 수 있는 재미있는 공부예요. 좋아하는 주제의 책을 나뭇가지처럼 뻗어 나가며 읽는 것이 재미있어요. 다양한 동물이 나오는 책을 읽다가, 자신이 가장 좋아하는 동물, 예를 들어 거북이라면, 거북이가 주인공인 이야기책도 찾아 읽고, 그다음 거북의 생태와 한살이를, 그러다 파충류의 진화와 지구의 자연사를 알려 주는 책으로 확장하며 읽는 거예요. 궁금한 것을 해결하게 되고, 오래 기억에 남더라고요.

■ 원고가 다 되었는데, 왜 책이 안 나오는 거야

 이제부터 편집 시작이다!

 편집? 무얼 하는 거죠?

교정본 것을 정확하고 예쁘게 고쳐요.

틀린 글자를 바로잡고, 내용이나 문장 부호가 맞는지 확인해요.

바르게 고친 교정지

디자이너

편집자

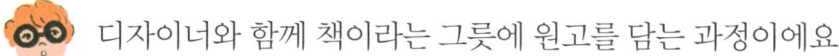

교정지

 디자이너와 함께 책이라는 그릇에 원고를 담는 과정이에요.

 응? 네? 뭐라고요?

 흠, 자, 들어 봐요. 글을 맞춤법에 맞춰 쓰고,
이해를 돕는 그림이나 사진을 넣고, 글씨 크기와 위치를
알맞게 맞추어요. 그러니까 편집은 원고를 독자에게
잘 전달하기 위한 과정이에요.

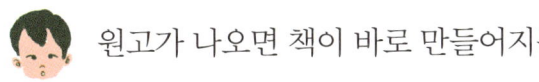 원고가 나오면 책이 바로 만들어지는 줄 알았어요.

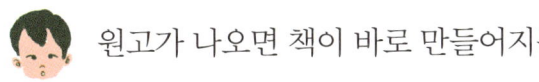 방송이나 영화도 편집을 하잖아요. 매체(미디어)의 특징에 맞게 만들지요. 우리는 책이라는 매체에 맞게 만들어요.

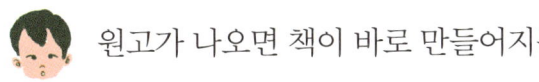 참, 맞춤법! 어렵고 복잡해요.
어떻게 하면 틀린 글자를 잘 찾아내나요?

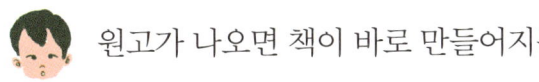 바른 문장을 많이 읽는 것이 도움이 되어요.
틀린 단어는 사전을 확인하면 되고요.

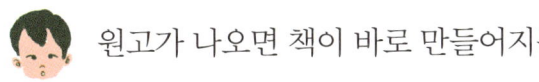 책이 나오려면 아직 멀었나요?

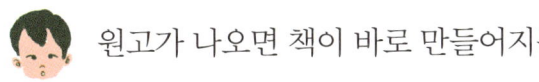 본문이 끝났으니 이제 표지 디자인이 남았네요.

 디자인이요?

세 번쯤
교정을 봐요.

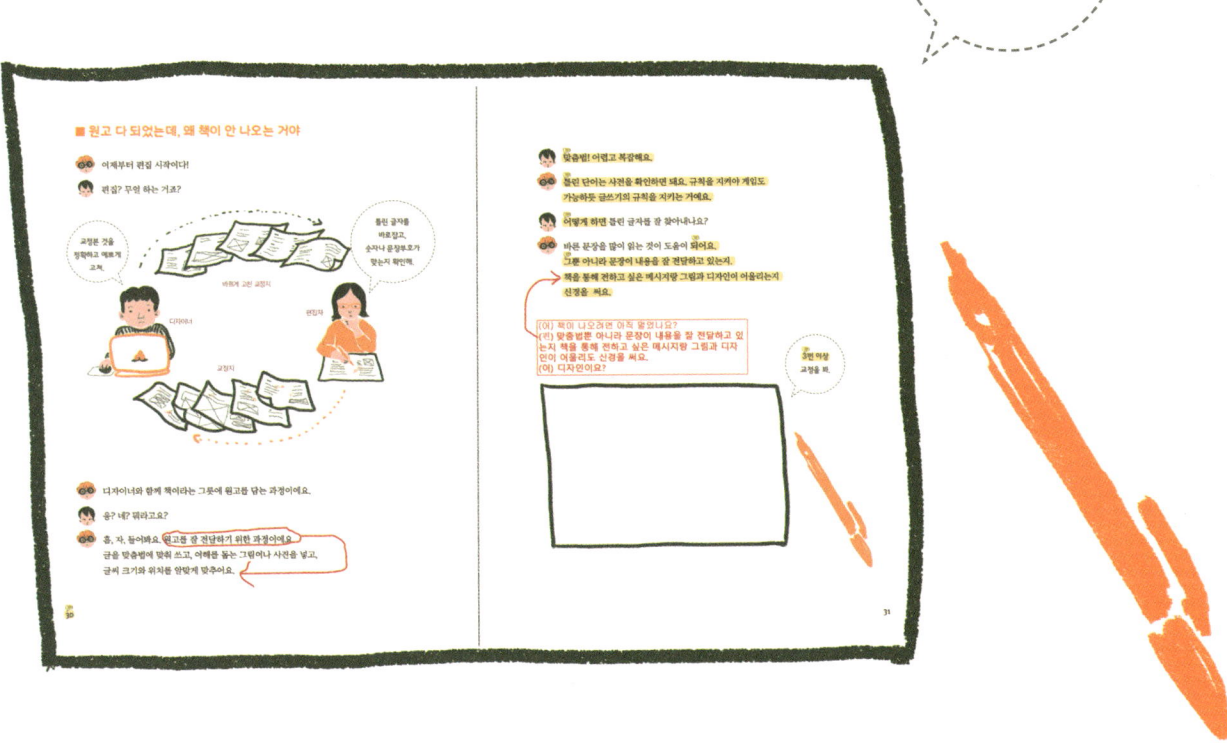

디자이너는 무슨 일을 하나요?
그림은 그림 작가님이 그리잖아요.

 지금 읽고 있는 책을 표지부터 뒤표지까지
후루룩 넘기며 보세요.

 응? 네? 무얼 보라고요?

 책에서 종이에 찍힌 모든 것을 디자인해요.
앞표지부터 뒤표지까지요!

 컴퓨터를 쓰시던데요?

 책은 한꺼번에 많이 찍잖아요.
그때 쓰는 프로그램이 있어요.
인쇄를 할 수 있는 프로그램으로 원고를 디자인해요.

 우리가 쓰는 컴퓨터랑은 다른 거군요.

 소프트웨어가 다른 거예요. 책을 제작할 수 있는 표지도
디자인하고, 편집자와 함께 고쳐 가며 완성시켜요.

 글씨체가 다양한데, 그것도 디자이너가 고르는 건가요?

 맞아요. 지금 읽고 있는 이 책의 글씨체, 색깔, 페이지의
전체 틀을 정하고 만드는 일을 했지요.
읽기 좋게 만들고, 예쁘게 만들어요. 그렇게 완성한 데이터를
인쇄소로 넘겨요.

 이제 책이 나오나요?

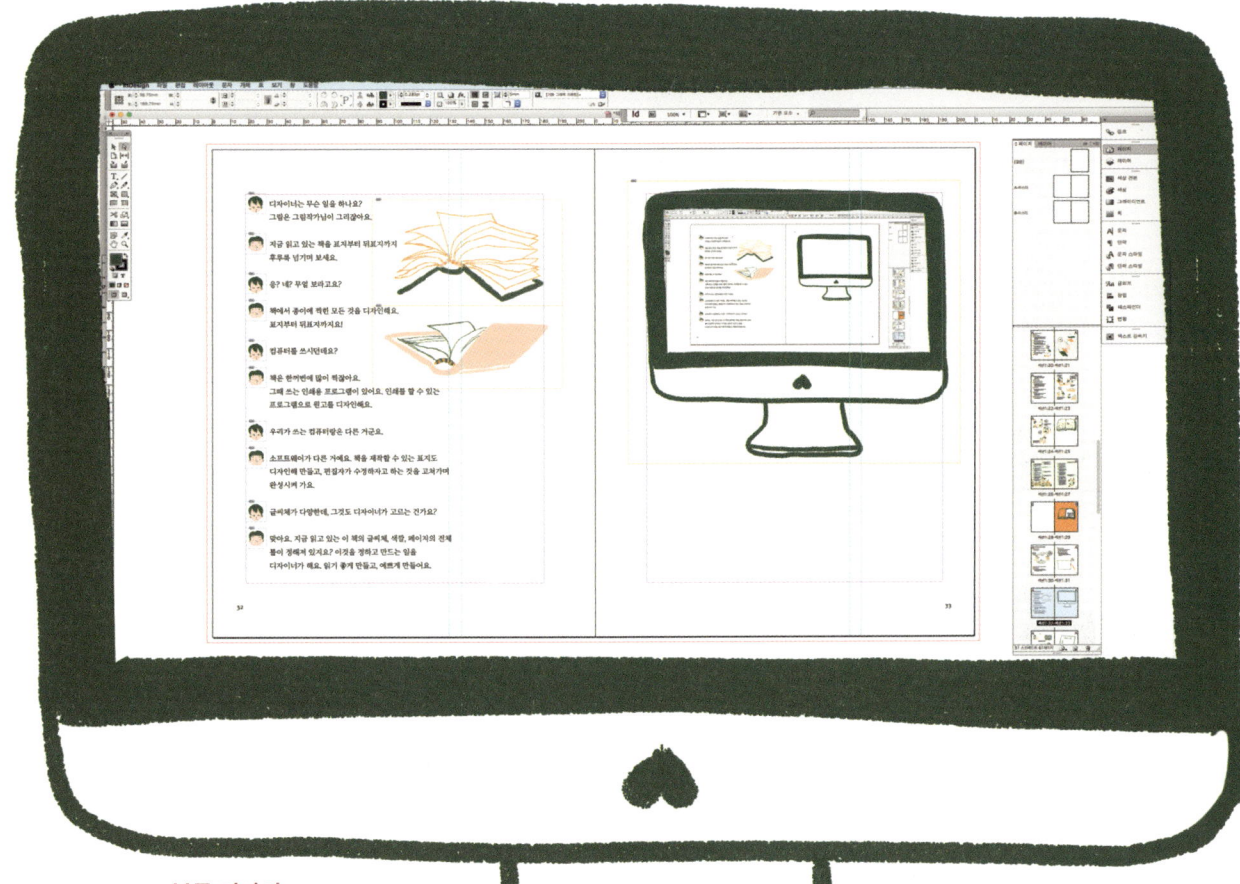

본문 디자인

편집 디자인

완성된 데이터는 이제 어디로 갈까요?

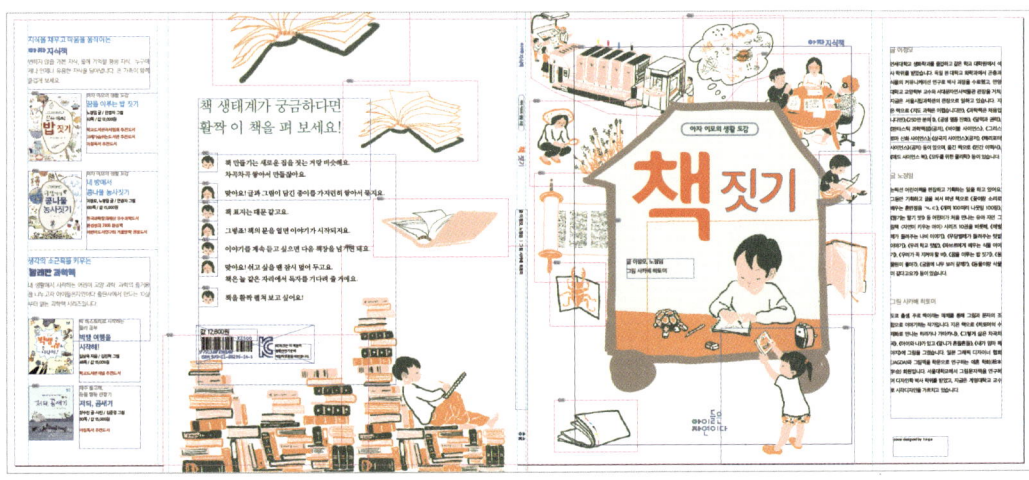

표지 디자인

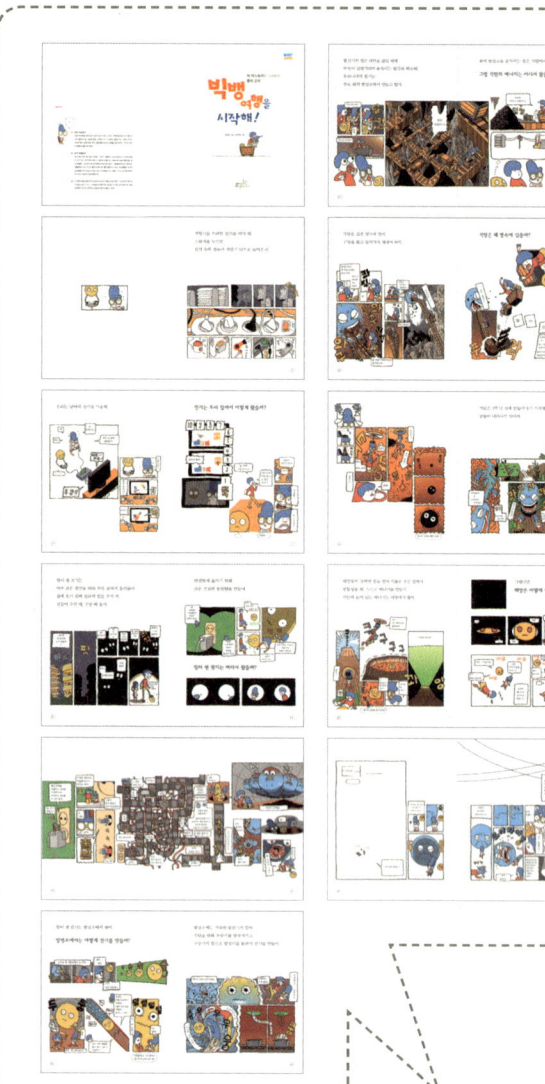

Check List

 책 크기(판형) 확인!

 서체와 그림이 인쇄에 알맞은지 확인!

☐ 몇 권 찍을까?

 종이는 어떤 종류로 할까?

☐ 제책(제본)을 무선으로 할까, 양장으로 할까?

☐ 언제 인쇄감리를 갈 수 있을까?

인쇄를 하기 전에 여러 가지를 확인해요.
책이라는 물건으로 만들어지려면
책의 재료인 종이도 필요하지요.

얼마 전에 완성한 책이에요.
폴더에 저장하여
인쇄용 완성 데이터를
인쇄소로 보내요.

터 잡기

인쇄를 하는 방법은 여러 가지입니다.
여기서는 이 책을 인쇄한 방법을
기록해 보여 줄게요.

 이제 인쇄를 하는 건가요?

 인쇄소에서는 디자이너에게 받은
데이터를 '인쇄판'으로
구울 준비를 해요.

 인쇄판이 왜 필요하죠?

 한꺼번에 여러 장을 빠르게 인쇄하려는
거예요.

 그래서 8쪽씩 모아 놓은 거였군요?

 네, 맞아요. 인쇄판에 맞게
다시 저장하는 거예요.
'터 잡기'를 한다고 말하지요.

왜 인쇄판을 4개로 나누어서 구울까요?

디자이너가 완성한 책의 데이터를 인쇄할 종이 크기에 맞게
여러 페이지를 앉혀요. 그리고 인쇄판을 구워요.
이 책처럼 컬러 인쇄할 때에는 대개 4장의 인쇄판을 만들어요.
왜 4장일까요?
컬러로 찍으려면 아래 그림과 같이 4색 이상으로 찍어야 한답니다.

원화

원색 분해
색을 나누는 거예요. 컬러 그림을 4가지 색의 데이터로 나누어요. 인쇄할 때에
4가지 잉크의 색으로 겹쳐 찍으면 원화와 가까운 색으로 재현할 수 있어요.

옐로(Yellow)는 색의 삼원색 중 노란색으로,
밝은 노란색입니다. Y로 표시해요.

마젠타(Magenta)는 색의 삼원색 중
붉은색으로, 밝은 자주색입니다. M으로 표시해요.

시안(Cyan)은 색의 삼원색 중 푸른색으로,
밝은 하늘색입니다. C로 표시해요.

블랙(Black)은 검정색입니다. 색의 삼원색은 아니지만,
글씨 등을 선명하게 찍으려고 검정색 판도 만들어요.
K로 표시해요.

인쇄판 출력

인쇄할 페이지마다
각각 인쇄판 4장을 출력해요.

인쇄판은 이제
어디로
갈까요?

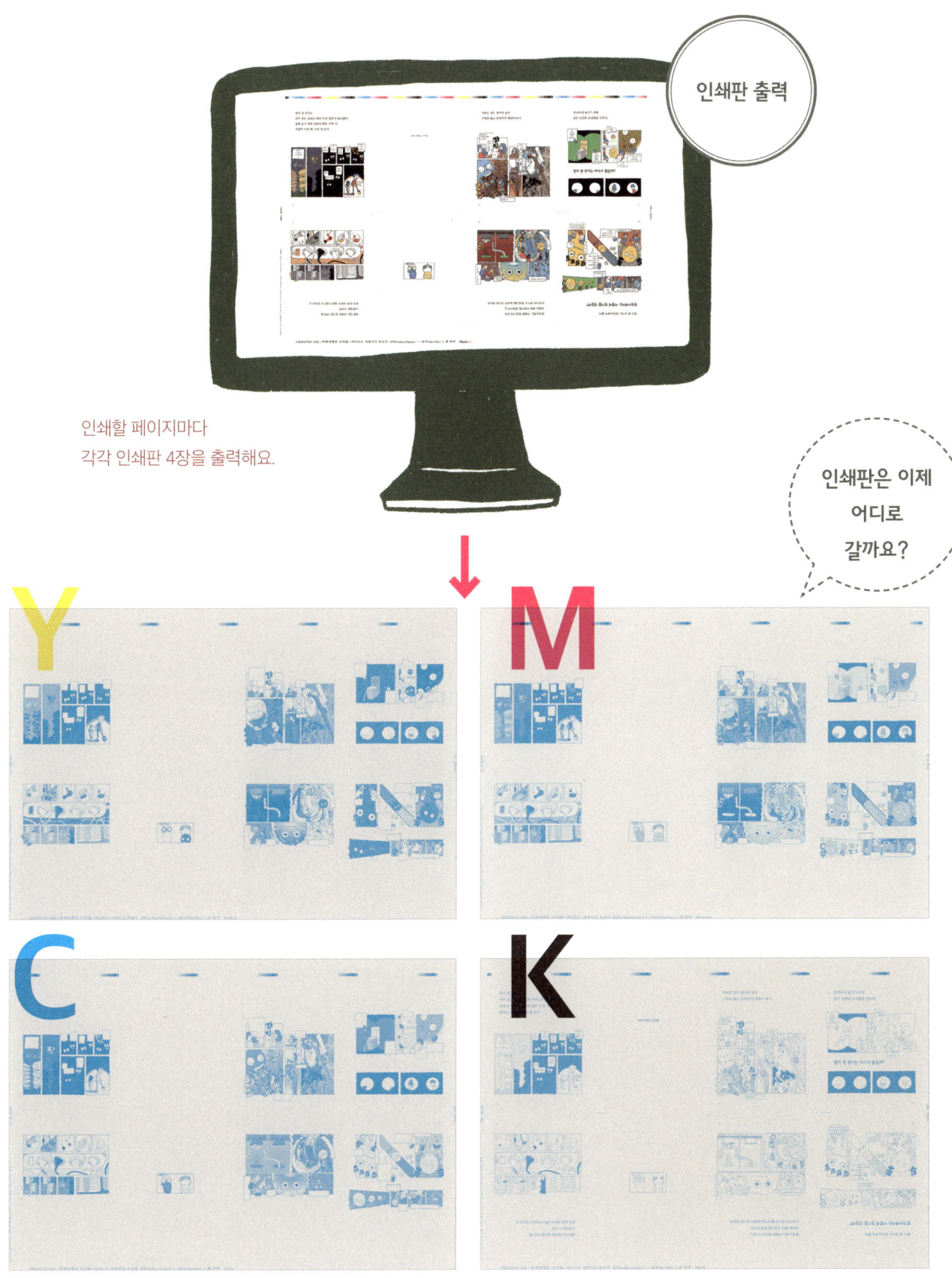

■ 종이를 준비해

아카시아(망기움)

닥나무

종이는 나무로 만들어요.
섬유소가 긴 목재를 가공해서 만들지요.

복사 용지랑 비슷한 크기는 16절이에요.

210
297

2절: 전지를 둘로 나눈 크기예요.

전지

책을 인쇄하는 종이는 아주 넓고 커요. 책보다 몇 배 더 넓지요.
왜 그럴까요? 한꺼번에 여러 페이지를 인쇄하는 거예요.
그래야 많은 분량을 빨리 찍을 수 있겠죠.

인쇄용지는 인쇄기에 들어가는 크기가 정해져 있어요.
우리가 흔히 보는 복사 용지도 커다란 종이를 잘라서 쓰는 거예요.

인쇄용지를 포함해서 전 세계인이 1년 동안 쓰는 펄프의 양이
4억 톤이래요. 펄프는 종이의 재료로, 나무로 만듭니다.
나무가 없으면 책도 없어요.

종이는 어떻게 만들까요?

종이는 2000년 전의 대단한 발명품이었어요.
종이를 발명하기 전에는 돌, 진흙판, 나무 등에 기록했어요.
오늘날 인쇄 종이는 어떻게 만들까요?
섬유가 긴 닥나무나 침엽수로 종이를 만들죠.
나무줄기를 잘게 간 뒤 물에 넣으면 식물 세포의 섬유(셀룰로오스)
가닥이 물에 떠다녀요.
단단한 물질이 남아 있는데 잿물이나 석회수(최근 종이 공장에서는
황을 써요.)를 섞으면 녹아 없어져요.

이제 섬유만 남았어요. 여기에 석회와 같은 물질을 첨가해서
죽같이 만들어요. 종이용 펄프입니다. 물을 섞어 고운 체로 떠서
평평한 틀에 펴서 압착기로 눌러 물기를 없앤 뒤 말려요.
마르면 종이는 질겨집니다. 아직 우리가 보는 종이가 아니에요.
갈색이고 우툴두툴해요. 우리가 보는 책의 종이는 탈색해서
희게 만들고, 고운 흙가루를 뿌려 만질만질하게 만든 거예요.

> 나무에게 미안하지 않은 책을 만들려고 노력해요.

종이 공장에서 만드는 종이는 아래 그림처럼 커다란 두루마리로 나와요. 이런 종이를 인쇄하는 기계에 넣을 수 있는 크기로 잘라서 인쇄하는 거예요.

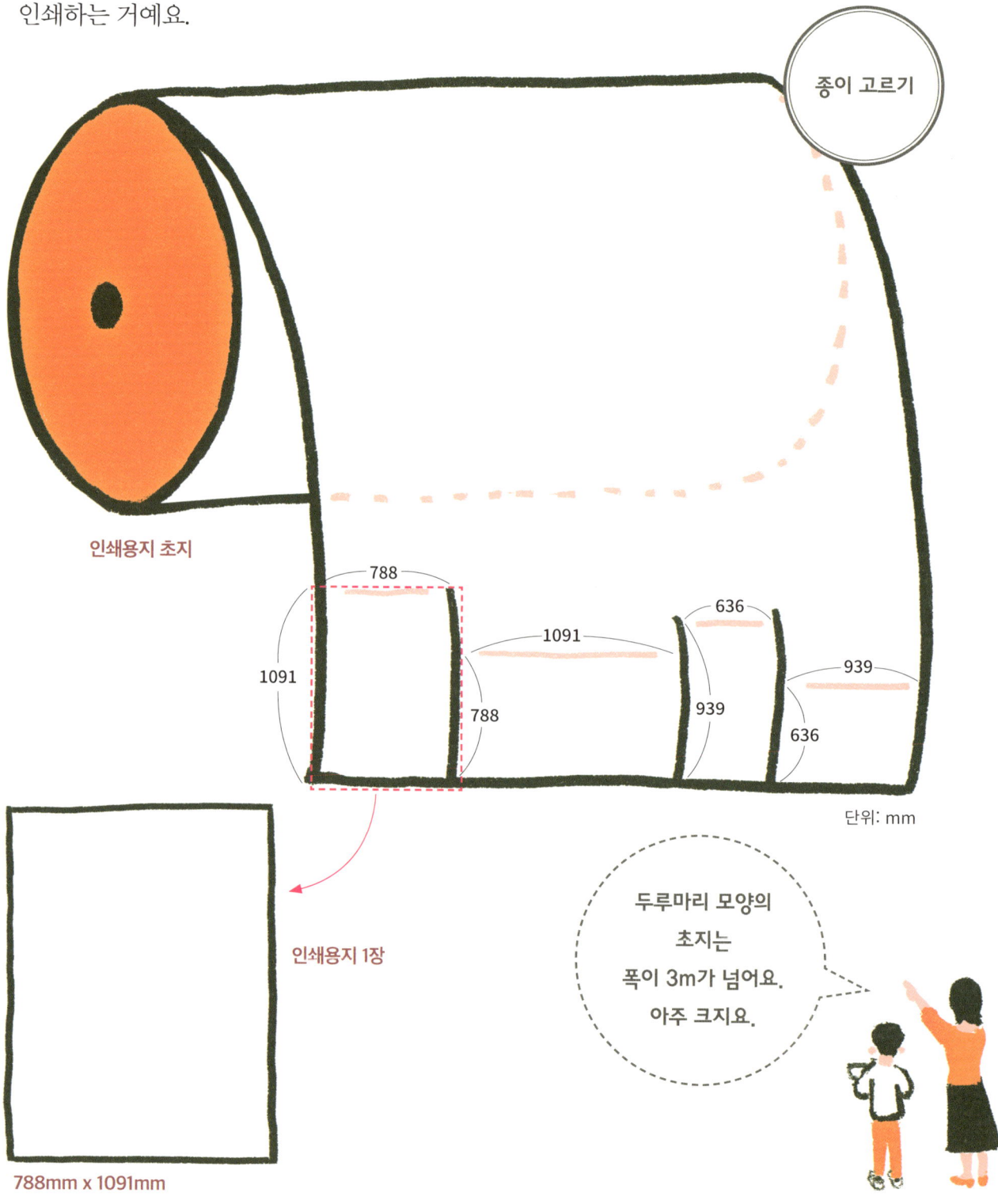

종이 고르기

인쇄용지 초지

인쇄용지 1장
788mm x 1091mm

단위: mm

두루마리 모양의 초지는 폭이 3m가 넘어요. 아주 크지요.

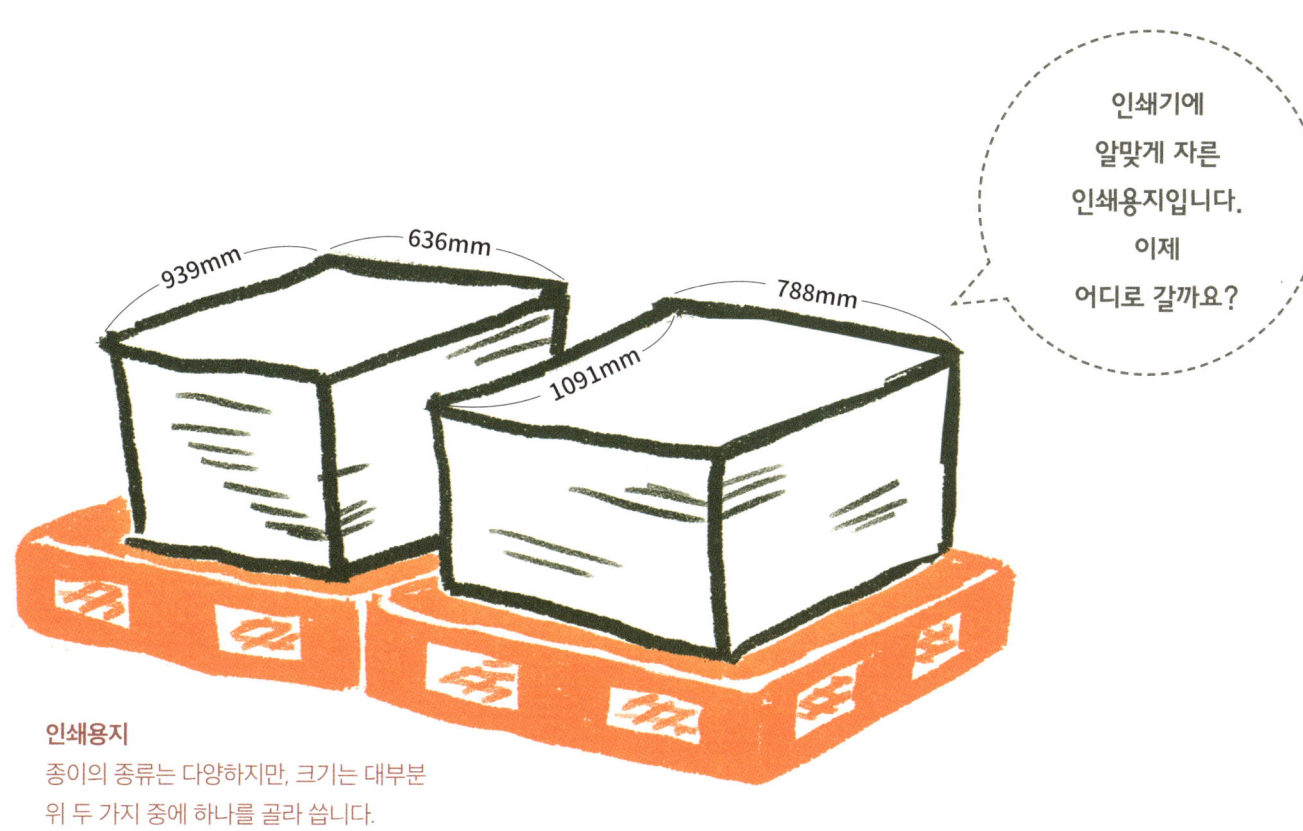

인쇄용지
종이의 종류는 다양하지만, 크기는 대부분 위 두 가지 중에 하나를 골라 씁니다.

인쇄판

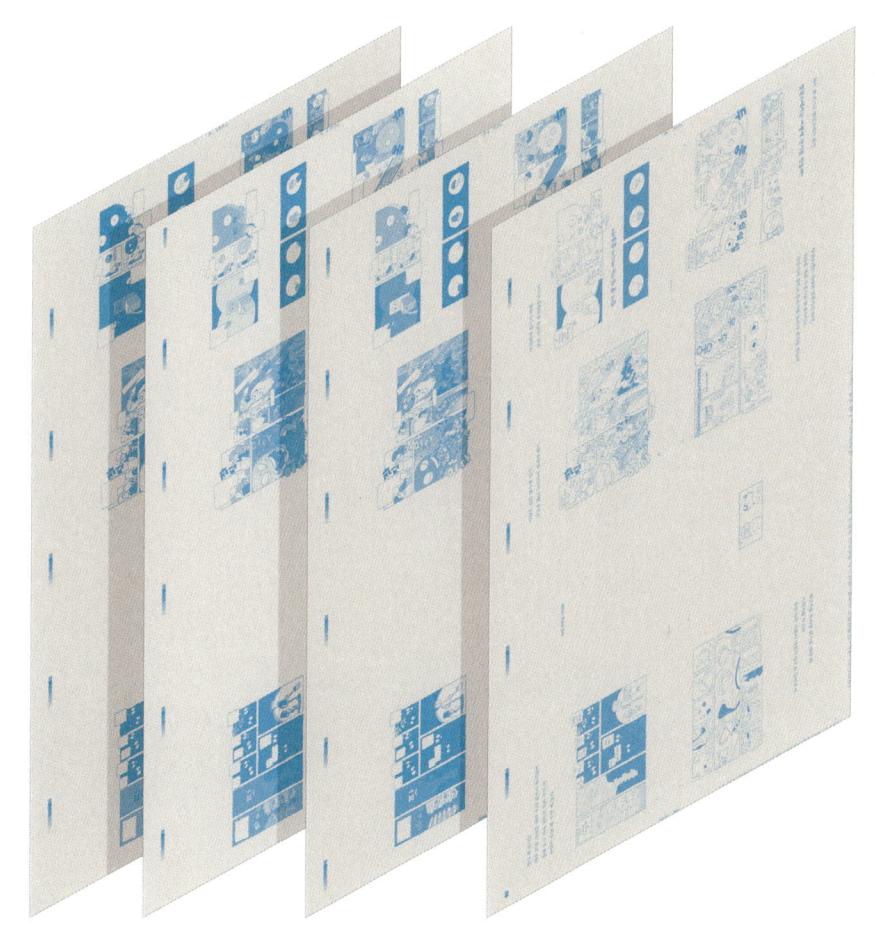

■ 인쇄를 하자 | 인쇄소

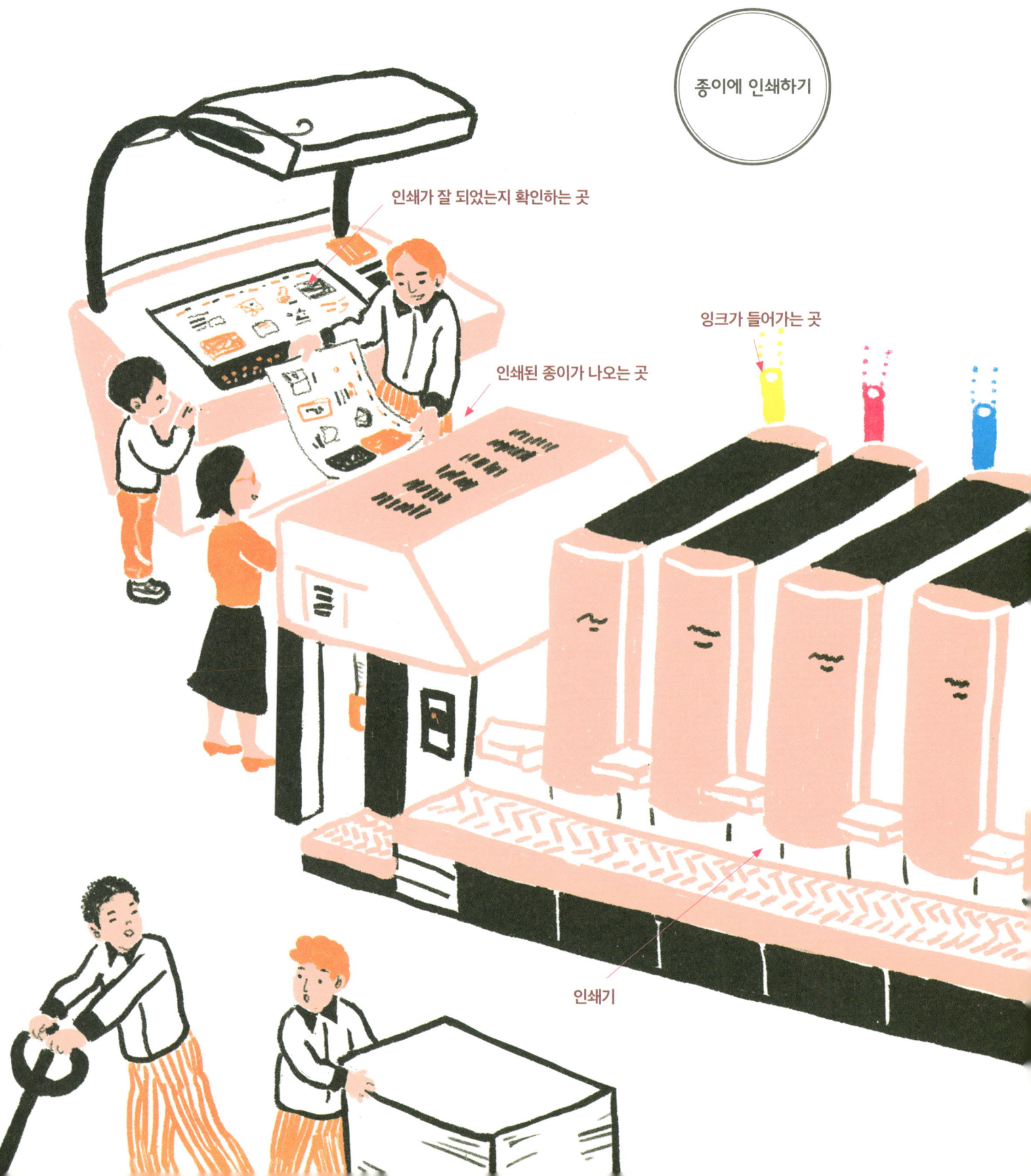

책 크기에 알맞은 인쇄용지를 준비했어요.
인쇄할 페이지 모두 인쇄판도 다 구웠고요.
이제 인쇄기가 있는 인쇄소로 가요.

인쇄기를 켜면, 시끌시끌 기계 소리가 커요.
종이를 넣으려고 철컥철컥, 종이가 기계 안을 통과하는 소리가
착착착 규칙적으로 나지요.
잉크가 들어 있는 색깔 통을 4번 지나서 인쇄된 종이가 나오기까지
쉼 없이 빠르게 돌아가요.

인쇄기는 종류가 다양해요. 그림은 이 책을 인쇄한 인쇄기입니다.
4가지 색의 잉크가 아주 작은 점으로 인쇄되면서 겹쳐지며
알록달록 책에 찍힌 모든 색을 만들어 냅니다.

인쇄판이 들어가는 곳

인쇄용지가 들어가는 곳

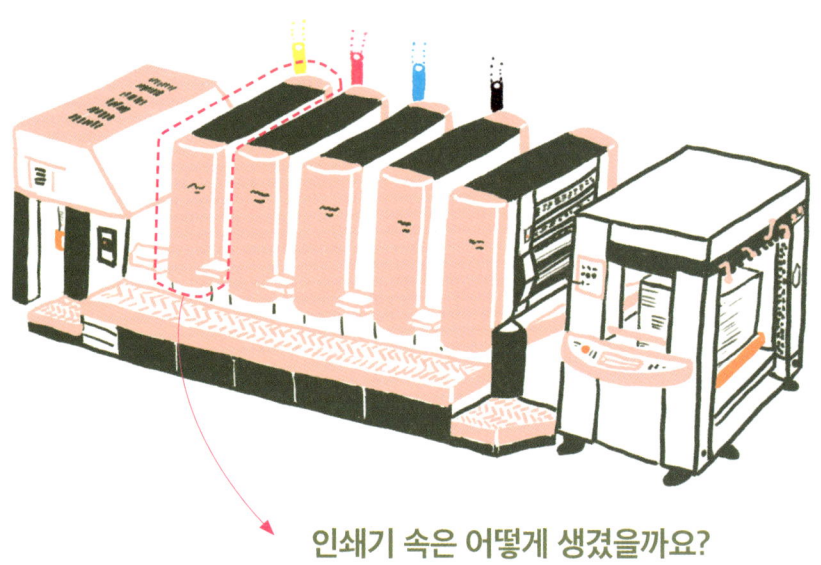

인쇄기 속은 어떻게 생겼을까요?

잉크

인쇄판

❶ 인쇄판에 잉크가 묻어요.

물

❷ 고무통에 잉크가 묻어요.

종이

❸ 종이에 잉크가 찍혀요.

인쇄된 종이

■ 책은 묶는 거야 | 제본소

종이는 아주 특별한 재료입니다. 접히지만 부서지지 않고,
얇고 부드럽지만 질겨요. 그래서 인쇄가 끝난 넓은 종이를
한 페이지의 크기로 차곡차곡 접어도 부서지지 않아요.

접은 종이를 페이지 순서대로 가지런히 차곡차곡 쌓은 뒤,
디자인한 크기대로 책의 3면을 잘라요. 책등은 자르지 않지요.
지금이라도 이 책의 생김새를 이리저리 꼼꼼하게
한번 살펴보세요. 책은 종이 여러 장을 겹치고,
책등을 단단히 묶어서 만드는 것입니다.

인쇄된 종이는 어디로 갈까요?

접고 자르는 선

47

◁ **접지**
인쇄가 끝난 종이를 한 장 한 장 접어요.
넓은 종이를 정교하게 접는 기계를 이용해요.
여기서는 원리를 보여 줄게요.

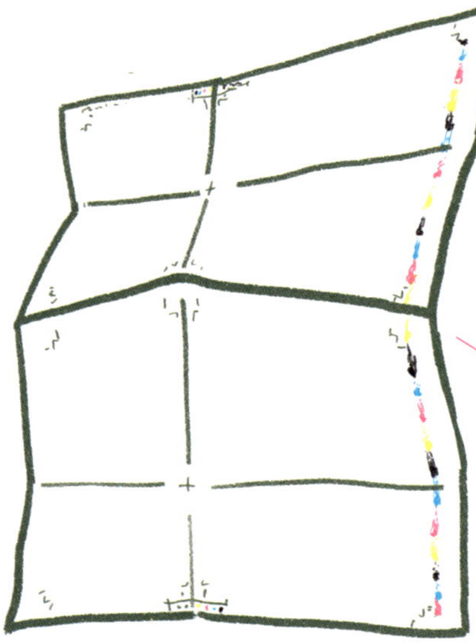

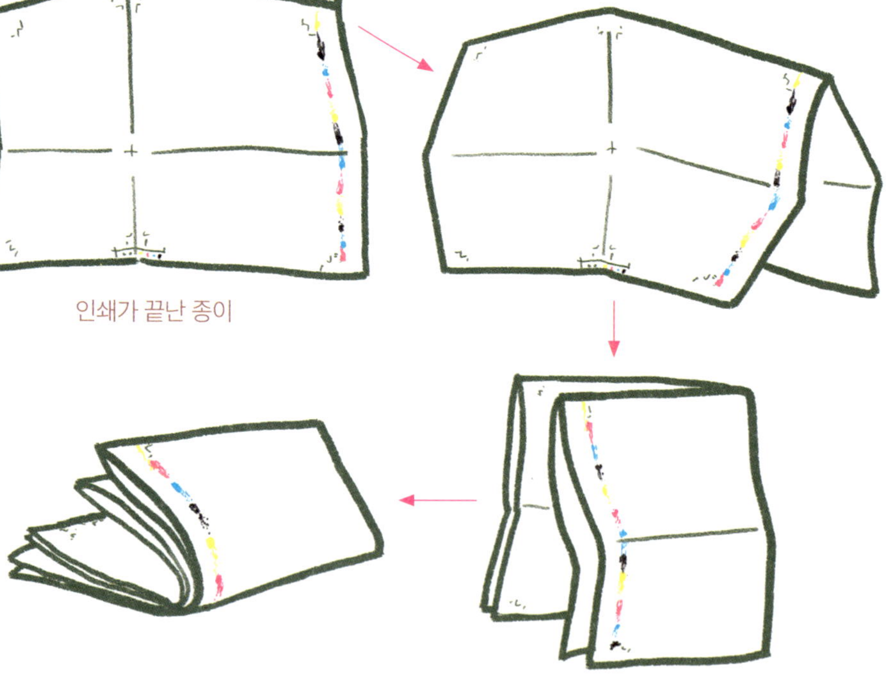

(책 매기)

인쇄가 끝난 종이

▶ **재단**
접은 인쇄용지를 모아
차곡차곡 쌓아요.
책등을 빼고, 책 크기에
맞게 3면을 잘라요.

▶ **제본(제책)**
본문과 표지는 종이 종류기 달라서
따로 인쇄를 해요.
마지막으로 본문과 표지를 붙여서
책을 완성해요.

**접지부터 재단, 제책까지
'책 매기'의 모든 과정은 기계로
정교하고 빠르게 진행됩니다.**

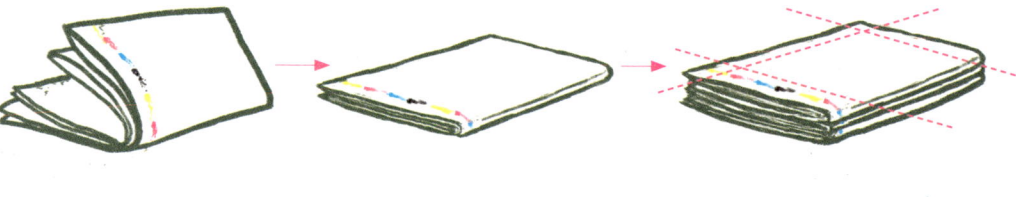
표지   본문

실이나 풀로 책등을 붙여요.

책이 완성되었어요!
얼굴의 눈, 코, 입처럼 책에도 이름이 다 있답니다.

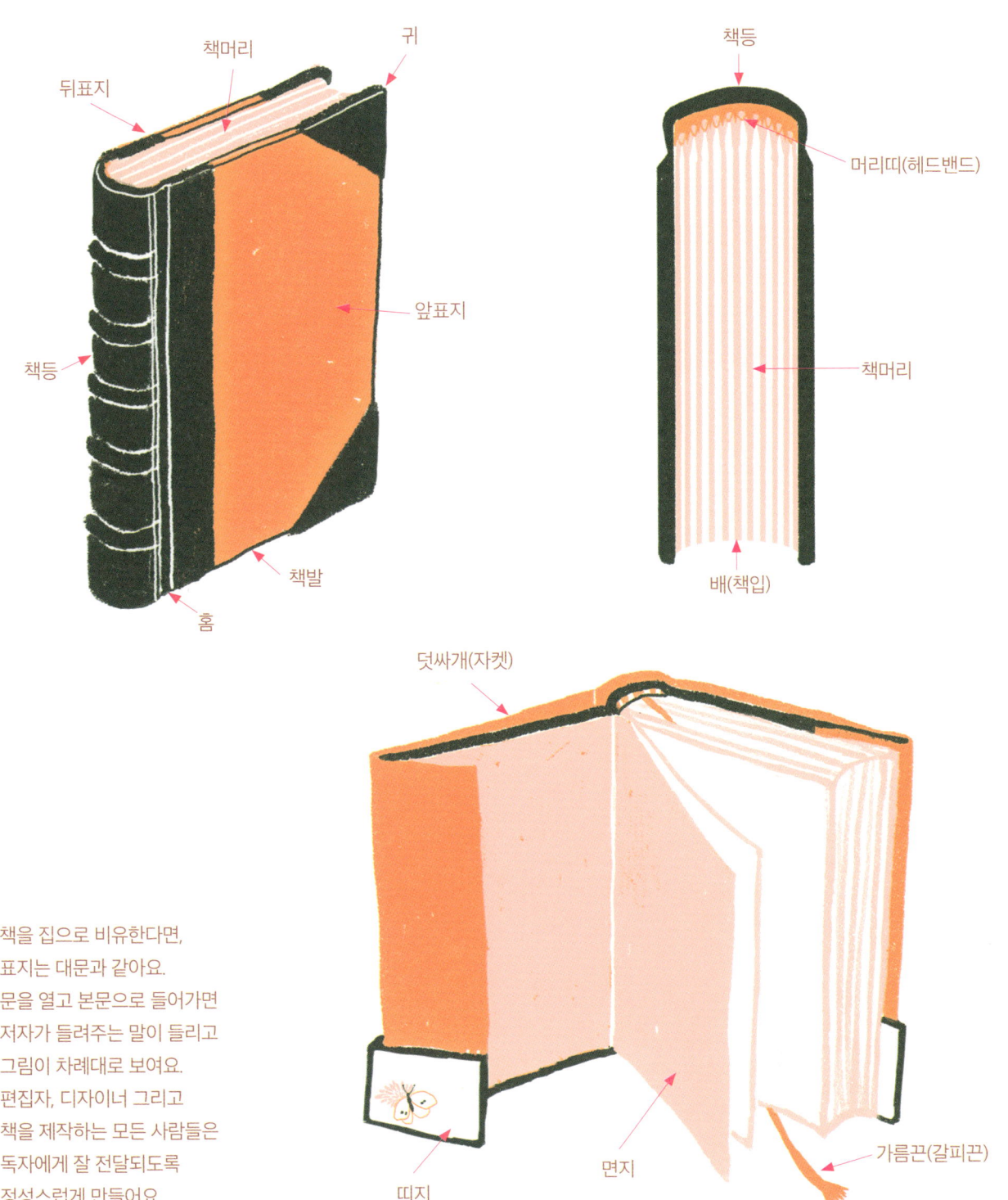

책을 집으로 비유한다면,
표지는 대문과 같아요.
문을 열고 본문으로 들어가면
저자가 들려주는 말이 들리고
그림이 차례대로 보여요.
편집자, 디자이너 그리고
책을 제작하는 모든 사람들은
독자에게 잘 전달되도록
정성스럽게 만들어요.

책은 언제부터 이런 모양일까요?

종이 여러 장을 겹쳐 묶으면 무척 단단하고 강해지지요.
종이는 묶이면 더욱 특별해져요. 아주아주 긴 이야기도 담을 수 있고,
그림이나 사진도 순서대로 묶어 둘 수 있게 되어요.
그런데 책을 왜 지금과 같은 모양으로 만드는지 생각해 봤나요?

책이라는 글자를 한자로 써보면,

한자는 상형 문자예요.
책의 모양을 흉내 낸 글자예요.
어때요, 동양에서 만든 옛 책의
생김새와 글자가 비슷한가요?

서양에서 오래전 만든 책도
둘둘둘 마는 두루마리였어요.

죽간과 두루마리 책의 단점은
한쪽 면만 인쇄를 한다는 거예요.
당시 만들기도 어렵고
아주 비싸고 귀한 재료인데 말이죠.
그리고 찾기가 어려워요.
필요한 문장을 찾으려면
두루마리를 다 펴야 하잖아요.

죽간. 대나무를 가늘게 잘라 엮어서 글을 썼어요.
보관할 때에는 김발처럼 돌돌돌 말아 두었어요.

예나 지금이나 나무를 가공해서 글자를 새기는 건 같네.

지금 책은 양면으로 인쇄를 하고,
종이를 나란히 쌓아 묶어요.
맨 끝 장이든 맨 앞 장이든
어디나 찾기 쉬워요.

이제 책은 어디로 갈까요?

왼쪽은 동양에서, 오른쪽은 서양에서
수백 년 전부터 만들어 온
책의 모양입니다.
지금의 책 모양과 거의 같아요.
책등을 실로 묶거나 풀로 붙이고, 표지를 감쌌어요.
본문은 한 장 한 장 넘겨볼 수 있게 만들어졌고요.
앞면과 뒷면 모두 인쇄를 하니 많은 내용을 담을 수 있지요.
책의 형태는 일찌감치 만들어졌어요.

책은 사람이 읽기에 편하고 찾아보기 쉽게 만든
멋진 발명품이었답니다.

● **오늘날 다양해지는 여러 가지 책**

플랩북

팝업북

전자책

오디오북(소리책)

■ "책은 독자를 기다려요."

 책이 완성되면 서점이나 도서관으로 가요.

 왜요?

 독자를 만나러 가는 거지요.

 책이 나오기까지 아주 많은 일이 있네요.

 독자에게 전하고 싶은 이야기(글과 그림)를 쓰고,
손에 잡히는 책이라는 물체로 만드는 과정이지요.

 음, 내가 직접 책을 골라서 보고 싶어졌어요.

 좋은 생각이에요!
책은 어디에 놓이든 조용히 있지만,
책을 열면 아주 많은 이야기를
해 줄 거예요.

 그리고, 새로 그리고 싶은 게 생겼어요.

 네?

새로운 것을 그리고 있어.

"내가 만든 책이야. 질문을 하고,
답을 찾는 과정을 기록했더니 책이 되었어."

이젠 우리가
너의 독자야.

책 만들기는 새로운 집을 짓는 거랑 비슷해요.
차곡차곡 쌓아서 만들잖아요.

 맞아요! 글과 그림이 담긴 종이를 가지런히 쌓아서 묶지요.

 책 표지는 대문 같고요.

 그렇죠! 책의 문을 열면 이야기가 시작되지요.

 이야기를 계속 듣고 싶으면 다음 책장을 넘기면 돼요.

 맞아요! 쉬고 싶을 땐 잠시 덮어 두고요.
책은 늘 같은 자리에서 독자를 기다려 줄 거예요.

 책을 활짝 펼쳐 보고 싶어요!

쉼 한눈에 보는 책 만드는 과정

준비

기획 회의

편집

교정·교열

편집

디자인

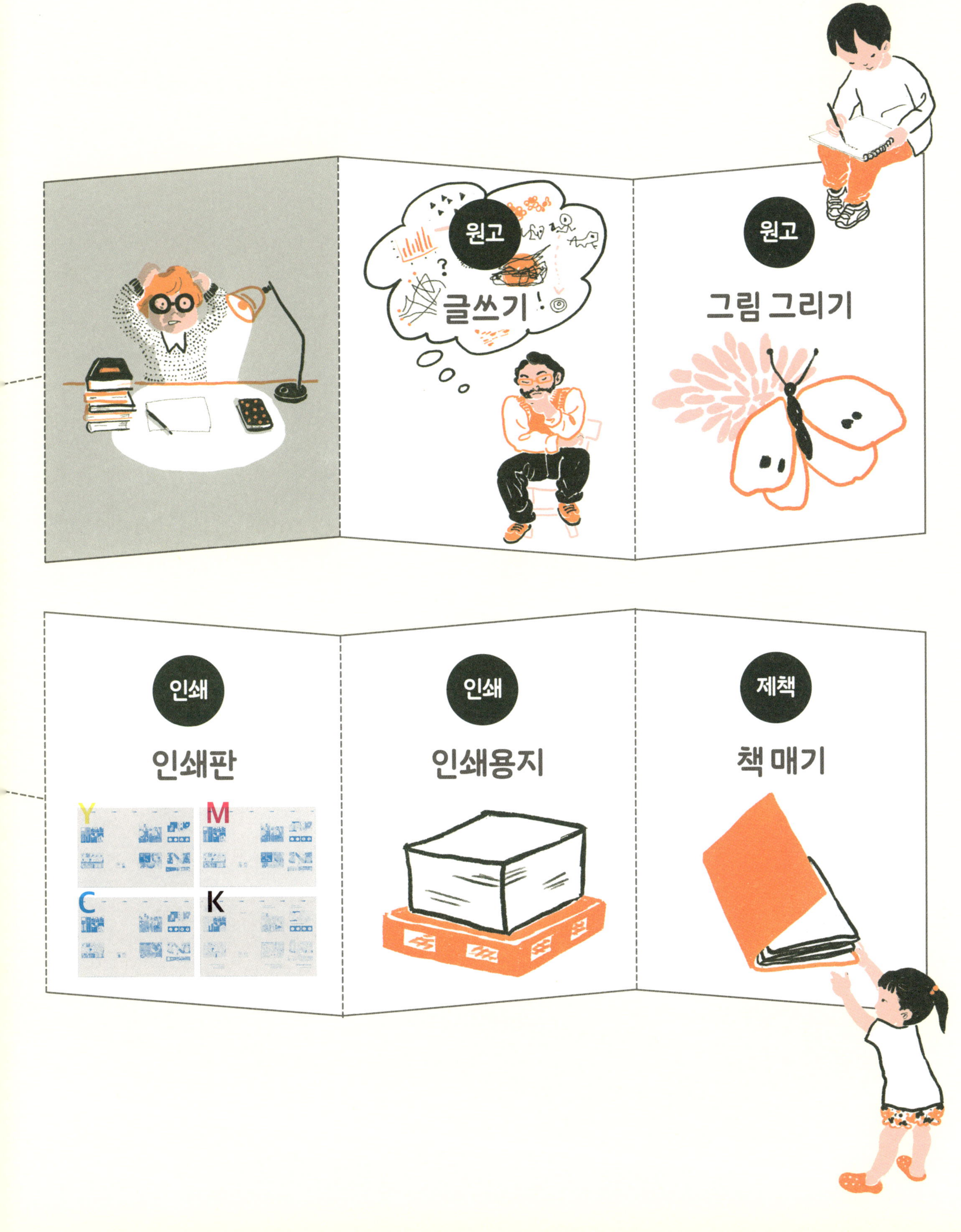
원고
글쓰기
원고
그림 그리기
인쇄
인쇄판
Y
M
C
K
인쇄
인쇄용지
제책
책 매기

집 필 후 기

책을 쓰기 전에 인쇄소에서 일한 적이 있어요. 인쇄판을 굽고 인쇄기 안의 롤러를 청소하는 일을 했죠. 그러다가 우연히 책을 쓰게 되었습니다. 글을 쓰기 시작하자 저는 아주 치밀해졌어요. 하얀 종이처럼 보이는 빈 모니터 화면에 글자를 치지만, 앞으로 내 책을 읽게 될 독자들을 생각하니 치밀해질 수밖에 없더라고요. "음, 이 정도에서는 그림이나 사진이 들어가야겠군. 여기는 뭔가 재밌는 이야기가 필요할 것 같아." 하고 말이죠.

책을 쓰는 데 가장 중요한 시작점은 무엇을 쓰겠다고 명확하게 정하는 거예요. 그다음은 "이런 순서로 이야기를 풀어가야겠어."라고 생각하면서 글의 설계도를 그리죠. 집을 지을 때 설계도가 필요한 것처럼요. 그런 뒤 자료를 꼼꼼하게 수집해요. 자료를 찾고 모으며 글을 쓰는 과정에서 설계도는 바뀌어요. 나중에는 처음 설계도와는 전혀 다른 책이 되곤 하지요. 하지만 괜찮아요. 우리는 살아 있는 생물이잖아요. 생각도 끊임없이 변하죠.

책도 마찬가지예요. 책이 책을 낳아요. 마치 생명처럼 말이에요. 그런 점에서 보면 책도 살아 있는 생명체인 것 같아요. 그 어떤 사람도 뚝딱 책을 쓰지는 못해요. 누군가의 이야기들이 섞여서 새로운 이야기가 되는 것이죠. 또 책은 한 사람의 힘으로 나오는 게 아니에요. 편집자, 종이 제작자, 인쇄판을 굽는 사람, 인쇄기를 돌리는 사람, 접지기를 돌리는 사람, 그리고 책을 보관하고 서점에 배급하는 사람, 서점에 책을 진열하는 사람 등 아주 많은 사람들이 함께 일한 결과죠. 마치 무수히 많은 생명들이 얽혀서 하나의 생태계를 이룬 것처럼 말이에요.

독자 여러분도 책 생태계의 일원이 되면 좋겠어요. 책을 만드는 것이죠. 저자가 될 수도 있고, 편집을 할 수도 있고, 인쇄를 할 수도 있어요. 그런데요, 어떤 일을 하든지 시작점은 같아요. 바로 책을 읽는 것이죠. 음, 여러분은 벌써 시작했군요. 축하해요!

_ 이정모

어릴 적엔 아버지 무릎에 앉아 그림책 읽는 시간을 좋아했어요. 귀로는 아버지가 읽어 주시는 이야기를 들으며 눈으로는 그림을 샅샅이 훑어보았어요. 초등학교 때는 애니메이션을 좋아했지만, 책은 마음이 내킬 때 내 손으로 페이지를 넘길 수 있다는 것이 달랐어요. 책을 펼쳐 놓으면 좌우로 나뉜 책 두께로 내가 지금 책의 어느 부분을 읽고 있는지 물리적으로 알 수 있어, 아직 이야기가 많이 남아 있을 때는 신나게 페이지를 넘기다가도 남은 페이지 두께가 얇아지면 초조하고 아쉬운 마음이 들기도 했지요. 나중에 책장에 꽂힌 책들의 제목을 훑어보면 책을 읽었던 생각들이 떠오르고, 언제든지 다시 꺼내볼 수 있다는 것이 왠지 안심이 되기도 하지요. 이 모든 것이 한 권의 책을 읽을 때 우리가 겪게 되는 '독서 경험'이에요.

우리는 이러한 독서 경험을 통해 작가의 생각이나 지식을 자연스럽게 접하게 되죠. 이 책은 바로 누군가의 머릿속에 있는 생각이 여러분에게 책이라는 형태로 전달되도록 '만든' 사람들에 대한 책입니다. "책은 어떻게 만들어졌을까요?" 이 책을 펼치고 그 여정을 함께 떠나보면 좋겠어요!

_사카베 히토미

책에 다 담지 못한 '책 마을' 사람들이 많아서 아쉽습니다. 책의 제본에도 아주 많은 일손과 기술이 필요하고, 책을 홍보하고 관리하는 일을 하는 사람들, 그리고 책을 보관하고 유통하는 사람들, 도서관과 서점에서 책을 고르고 독자들에게 전하는 사람들, 독서에 관한 문화운동을 하는 사람들까지 '책 마을'에 사는 사람은 아주 다양합니다. 함께 책을 만드는 사람들입니다. 맡는 업무는 달라질 수도 있고, 여러 팀이 나누어서 할 수도 있지만 변하지 않는 것이 있습니다. 책 한 권을 만들려면 앞에서 말한 과정을 모두 차근차근 거쳐야 하지요. 책의 종이가 순서대로 차곡차곡 묶여 있는 것처럼, 소홀히 하거나 건너뛸 수 있는 과정은 없답니다. 책의 형식을 갖추는 과정을 거치며, 내용도 모습도 더욱 매끈하게 다듬어집니다. 과정이 중요하다는 것은 다른 모든 일에도 해당되겠지요.

또 하나 변하지 않는 것도 알게 되었습니다. 책은 독자가 읽어 줄 때에 의미가 생겨요. 책을 만드는 사람들은 독자에게 도움이 되도록 만들려고 노력합니다. 여러분도 언젠가 한번은 책을 만들어 보면 어떨까요? 책은 깊이 있는 간접 경험을 할 수 있는 훌륭한 매체입니다. 이렇게 책으로 만나는 사이도 꽤 괜찮지 않나요? 책으로 또 만나요!

_ 노정임

참고 문헌

곰곰 쓰고 전진경 그림 《책 만드는 이야기, 들어볼래?》 사계절, 2013
김소영 《어린이책 읽는 법》 유유, 2017
김정운 《에디톨로지; 창조는 편집이다》 21세기북스, 2014
데이비드 밴 외 지음, 셰리 엘리스 엮음, 안희정 옮김 《논픽션 쓰기의 모든 것》 다른, 2016
독서의힘 편집출판위원회 지음, 김인지 옮김 《독서의 힘》 더블북, 2018
라주아드리르 편집부 글, 기욤 롱 그림, 강인경 옮김 《책 읽기가 즐거운 101가지 이유》 미디어창비, 2016
레오 리오니 지음, 최순희 옮김 《프레드릭》 시공주니어, 2013
루이스 암스트롱 글, 빌 바소 그림, 장미란 옮김 《레몬으로 돈 버는 법》 비룡소, 2002
린제이 캠프 글, 토니 로스 그림, 바리 옮김 《왜요?》 베틀북, 2002
박숙정 외 주니어김영사 기획·글, 정해영 그림 《어린이를 위한 책의 역사》 주니어김영사, 2010
박찬수 《만만한 출판제작》 한국출판마케팅연구소, 2009
브뤼노 블라셀 지음, 권명희 옮김 《책의 역사》 시공사, 1999
소피 베니니 피에트로마치 지음, 이정빈·김장성 옮김 《책 만드는 책, 책 책》 이야기꽃, 2014
시어도어 다이먼 지음, 원성완 옮김 《배우는 법을 배우기》 민들레, 2017
쓰노가이타로 지음, 송경원 옮김 《100세까지의 독서술》 북바이북, 2017
아라카와 히로무 지음, 김동욱 옮김 《백성귀족》 세미콜론, 2011
알랭 드 보통 지음, 정영목 옮김 《여행의 기술》 이레, 2004
앨리슨 고프닉 외 지음, 곽금주 옮김 《아기들은 어떻게 배울까?》 동녘사이언스, 2008
열린책들 편집부 엮음 《열린책들 편집 매뉴얼》 열린책들, 2018
은유 《글쓰기의 최전선》 메멘토, 2015
이금희·김묘연·김은숙 지음 《미삼샘이 들려주는 오만방자한 책쓰기》 우리교육, 2015
이오덕 《무엇을 어떻게 쓸까》 보리, 1995
최해숙 《어린이책으로 배운 인생》 단비, 2018
최혜진 글, 신창용 사진 《유럽의 그림책 작가들에게 묻다》 은행나무, 2016
츠즈키 쿄이치 지음, 김혜원 옮김 《권외편집자》 컴인, 2017
황현산 《우물에서 하늘 보기》 삼인, 2015

* 잡지
《기획회의》 448호 "어린이책, 어디로 갈 것인가", 한국출판마케팅연구소, 2017년 2월
《학교도서관저널》 통권81호 "책쓰기 활동", 학교도서관저널, 2018년 3월